Dieses Buch kann alleine lesen:

_____

Die spannendsten Piraten-Silben-Geschichten

Silbe für Silbe zum Lese-Erfolg

Liebe Eltern,

Leseanfänger lesen langsam. Sie müssen jedes Wort Buchstabe für Buchstabe, Silbe für Silbe erlesen. Alle Wörter der Geschichten in diesem Band sind in farbigen Silben markiert. Diese kurzen Buchstabengruppen können Leseanfänger schneller erfassen als das ganze Wort.

Bei den markierten Silben handelt es sich um Sprechsilben. Das heißt, die Wörter sind so in Silben aufgeteilt, wie sie gesprochen werden. Die Sprechsilben entsprechen fast immer auch der möglichen Worttrennung, also den Schreibsilben.

Nur bei der Trennung einzelner Vokale gibt es einen Unterschied: Nach den aktuellen Rechtschreibregeln werden einzelne Vokale am Wortanfang oder -ende nicht abgetrennt. Beim Sprechen unterteilen wir solche Wörter jedoch in mehrere Silben, daher sind sie in diesem Band ebenfalls mit unterschiedlichen Farben markiert: Oma, Radio.

Ihnen und Ihrem Kind viel Spaß beim Lesen!

Inhalt

Tom auf Piratenfahrt

Eine Geschichte von Christa Holtei
mit Bildern von Astrid Vohwinkel

Tom bei den Piraten

Tom ist sieben Jahre alt und
lebt auf einem Piratenschiff.
Es ist ein großes Segelschiff
mit drei Masten.
Vor einem Jahr hat sich Tom mitten in
der Nacht auf das Schiff geschmuggelt.
Er wollte Seefahrer auf einem
Handelsschiff werden.
Aber er ist bei Piraten gelandet!

Was für ein Schreck!
Aber dafür ist auf einem Piratenschiff
immer etwas los.
Heute Morgen döst Tom noch
ein bisschen in seiner Hängematte.
Die Sonne steht schon am Himmel.
„Nun steh endlich auf, Maskottchen!",
ruft Bob mit dem Holzbein Tom zu.

11

Bob mit dem Holzbein ist Toms Freund.
Er nennt Tom immer „Maskottchen".
Bob glaubt nämlich, dass Tom
ein Glücksbringer ist.
Die Piraten haben viel mehr Beute gemacht,
seit Tom an Bord ist.
„Der Kapitän hat heute schlechte Laune",
sagt Bob zu Tom, als sie an Deck steigen.

Kein Wunder!
Es gibt nichts mehr zu essen an Bord
und die Mannschaft ist unzufrieden.
„Los, Tom, Deck schrubben!",
befiehlt der Kapitän mürrisch.
Tom weiß inzwischen, warum man
das Deck schrubben muss.
Die Schiffsplanken trocknen sonst aus
und werden undicht.

Das Schrubben ist anstrengend!
Und dann muss Tom auch noch
in die Wanten hinaufklettern.
Er soll nach Schiffen Ausschau halten.
Gut, dass ihm da oben nicht schlecht wird.
Der Ausguck ist zwanzig Meter hoch
und schaukelt hin und her.
Plötzlich werden Toms Augen größer.
Ein großes Handelsschiff kommt auf sie zu!

„Schiff in Sicht! Schiff in Sicht!",
schreit Tom aufgeregt.
Schnell klettert er wieder hinunter.
Der Kapitän ruft den Piraten Befehle zu:
„Drei Mann an die Kanonen!
Haltet die Waffen bereit!
Hisst die Piratenflagge!"
Das Handelsschiff kommt immer näher.
Es kann nicht mehr entkommen.

15

Leserätsel

Ein Sturm hat die Wörter auf
dem Schiff durcheinandergewirbelt.
Setze sie zusammen.

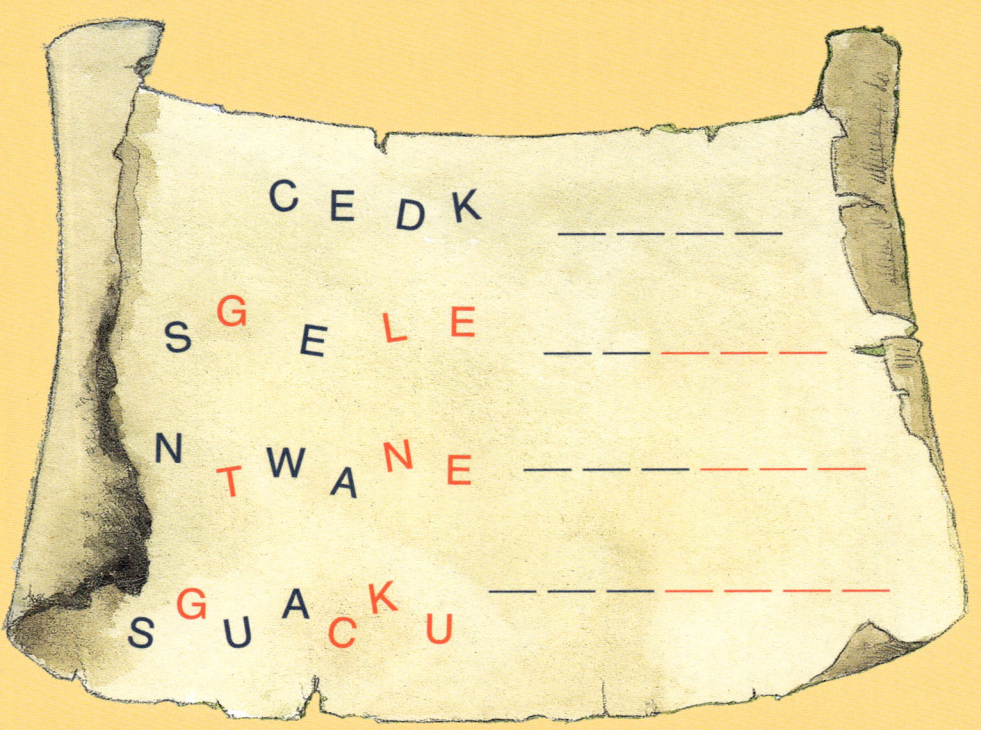

C E D K _ _ _ _ _

S G E L E _ _ _ _ _

N T W A N E _ _ _ _ _ _

S G U A C K U _ _ _ _ _ _ _

Das Piratenschiff hat

Z   zwei Maschen.
G   drei Masten.
R   vier Masken.

16

Warum hat der Kapitän schlechte Laune?
Achtung! Mehrere Antworten sind richtig.

- **O** Weil es nichts mehr zu essen gibt.
- **D** Weil er das Deck schrubben muss.
- **L** Weil die Mannschaft unzufrieden ist.

Warum hat Tom sich auf
das Schiff geschmuggelt?

- **N** Weil er in einer Hängematte
  schlafen wollte.
- **D** Weil er Seefahrer werden wollte.
- **T** Weil er das Deck schrubben wollte.

Die Buchstaben neben den richtigen
Antworten verraten dir die liebste Beute
von Piraten:

___ ___ ___ ___

Der Angriff

„Maskottchen, gleich wird es hier gefährlich!",
sagt Bob mit dem Holzbein.
Er schiebt Tom zur Luke auf dem Oberdeck.
„Geh jetzt besser nach unten und warte,
bis alles vorbei ist."
Tom ist enttäuscht, aber auch erleichtert.
Wenn die Piraten kämpfen,
ist nicht mit ihnen zu spaßen!
Gehorsam klettert Tom unter Deck.
Bob schließt die Luke über ihm.

Es ist ganz still auf dem Schiff.
Plötzlich ruft der Kapitän:
„Klar zum Entern!"
Und dann ist der Teufel los!

Tom hält es nicht mehr aus.
Neugierig hebt er die Luke hoch
und schaut vorsichtig hinaus.
Aber er sieht nur Beine.
Die Piraten kämpfen barfuß.
Die anderen Seeleute haben Schuhe an.
Und da ist auch Bob mit dem Holzbein!

20

Tom hört die Säbelklingen
aufeinanderschlagen.
Auf einmal rollt eine Eisenkugel
qualmend auf ihn zu.
Puh! Eine Stinkbombe!
Schnell verkriecht Tom sich
wieder unter Deck.

Endlich holt Bob mit dem Holzbein
Tom wieder aus seinem Versteck.
Der Kampf ist vorbei.
Das große Handelsschiff brennt und
auch das Piratenschiff ist beschädigt.
Große Stücke von der Reling fehlen.

Auf dem Achterdeck bewacht der Kapitän
stolz eine große Schatztruhe.
Die Mannschaft bringt Vorräte und
Kleidung unter Deck.
Das können die Piraten alles
gut gebrauchen!

Leserätsel

Wo versteckt sich Tom?

- **T** Unter einer Decke.
- **R** Unter Deck.
- **S** Unter einem Deckel.

Was ruft der Kapitän?

- **A** Klare Entscheidung!
- **O** Knusprige Enten!
- **U** Klar zum Entern!

Die Piraten kämpfen

- **M** barfuß.
- **F** nackt.
- **T** kahl.

Die Buchstaben neben den richtigen Antworten verraten dir, was Piraten gerne trinken: __ __ __

Entdeckst du fünf Piratenwaffen?
Kreise die Wörter ein.

O	N	B	S	Ä	B	E	L	Ö	S	C	V	N
Ä	N	T	V	E	D	B	N	U	R	S	V	L
Q	E	N	T	E	R	H	A	K	E	N	U	P
Ä	K	U	N	G	V	O	M	T	A	S	V	O
R	V	M	Q	P	I	S	T	O	L	E	Ü	H
B	M	I	T	F	S	R	U	V	Ü	K	V	Y
X	E	N	T	E	R	B	E	I	L	Z	C	P
C	H	W	S	F	T	R	Z	O	B	N	Y	B
P	J	A	S	L	M	V	D	O	L	C	H	R

25

Das Piratengesetz

Die Piraten segeln in eine Bucht.

Hier können sie das Schiff

gut verstecken und reparieren.

Der Kapitän versammelt alle am Strand.

Jetzt wird die Beute geteilt.

„Einen Anteil für jeden von euch,

zwei Anteile für mich!", sagt der Kapitän.

„So steht es im Piratengesetz."

Sogar Tom bekommt einige Münzen.

Er hat schließlich das

Schiff entdeckt!

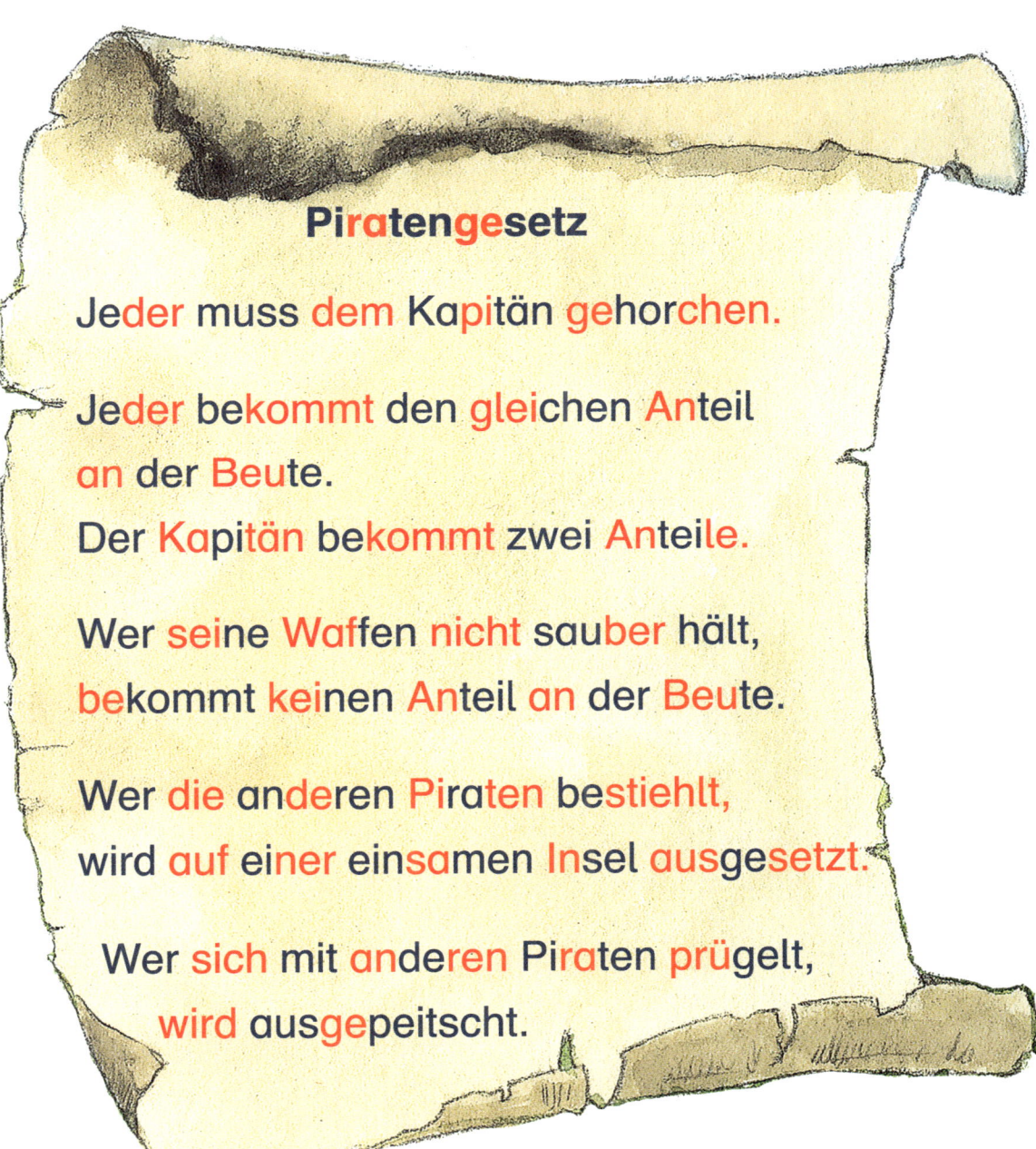

Piratengesetz

Jeder muss dem Kapitän gehorchen.

Jeder bekommt den gleichen Anteil
an der Beute.
Der Kapitän bekommt zwei Anteile.

Wer seine Waffen nicht sauber hält,
bekommt keinen Anteil an der Beute.

Wer die anderen Piraten bestiehlt,
wird auf einer einsamen Insel ausgesetzt.

Wer sich mit anderen Piraten prügelt,
wird ausgepeitscht.

27

Abends sitzen alle am Strand
um ein Feuer und feiern.
Die Piraten finden sich sehr schön
in ihrer neuen Kleidung.
Aus den Vorräten holen sie Räucherwürste.
So etwas Leckeres haben sie lange
nicht gegessen!
Der Kapitän spendiert sogar ein Fass Rum.
„Aber nicht für dich!", sagt Bob zu Tom.

Er schlägt eine Kokosnuss auf und
Tom trinkt das süße Wasser.
Die Piraten lachen und erzählen Geschichten.
Aber Tom schaut hinauf in den Sternenhimmel.
Er träumt davon, einmal Kapitän
auf einem großen Handelsschiff zu sein.
Dann trägt er auch feine Kleidung.
Und er lässt sich ganz bestimmt nicht
von Piraten hereinlegen!

Infoseite

Hier siehst du das Piratenschiff, auf dem Tom lebt.

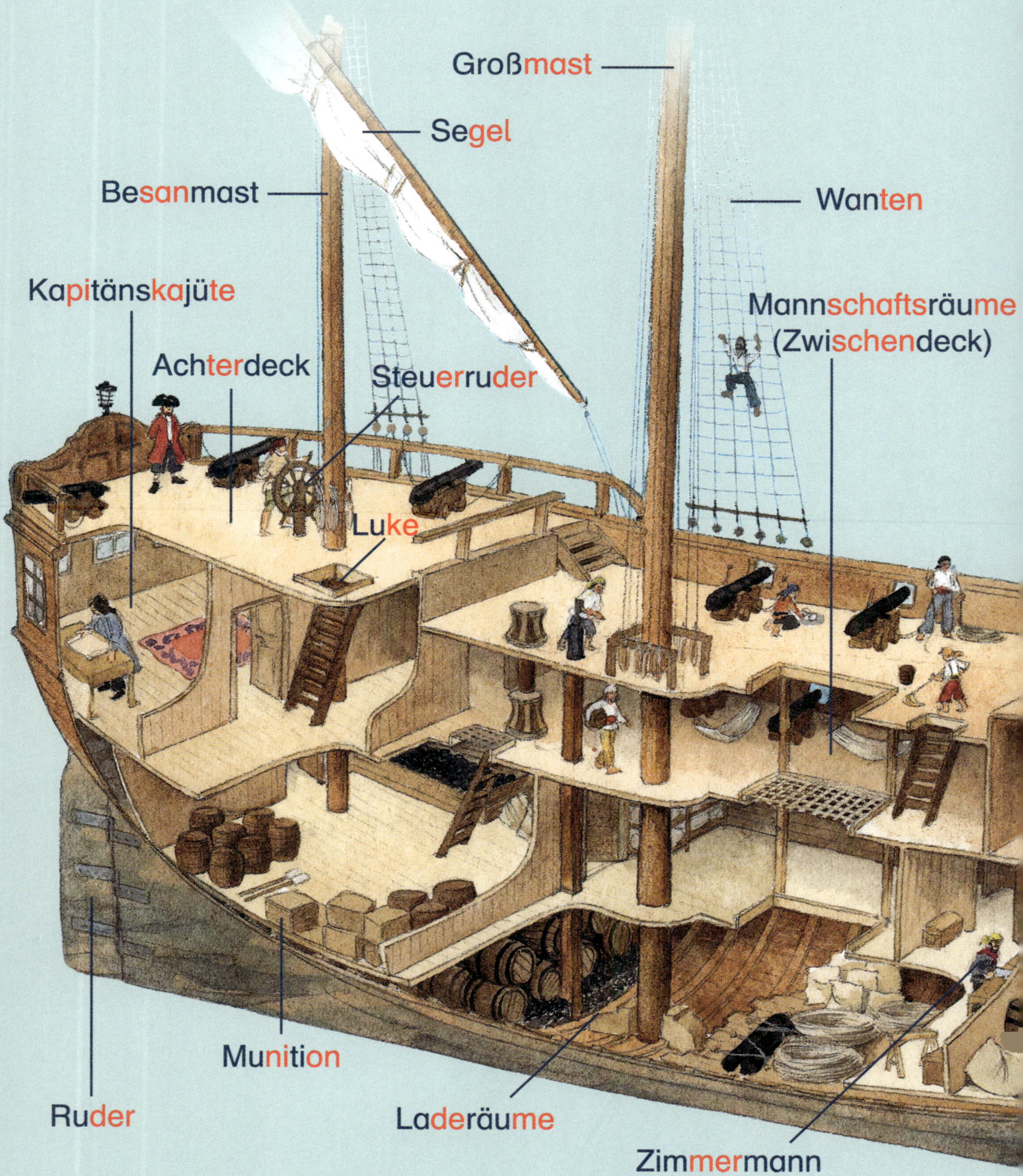

Großmast

Segel

Besanmast

Wanten

Kapitänskajüte

Mannschaftsräume (Zwischendeck)

Achterdeck

Steuerruder

Luke

Munition

Ruder

Laderäume

Zimmermann

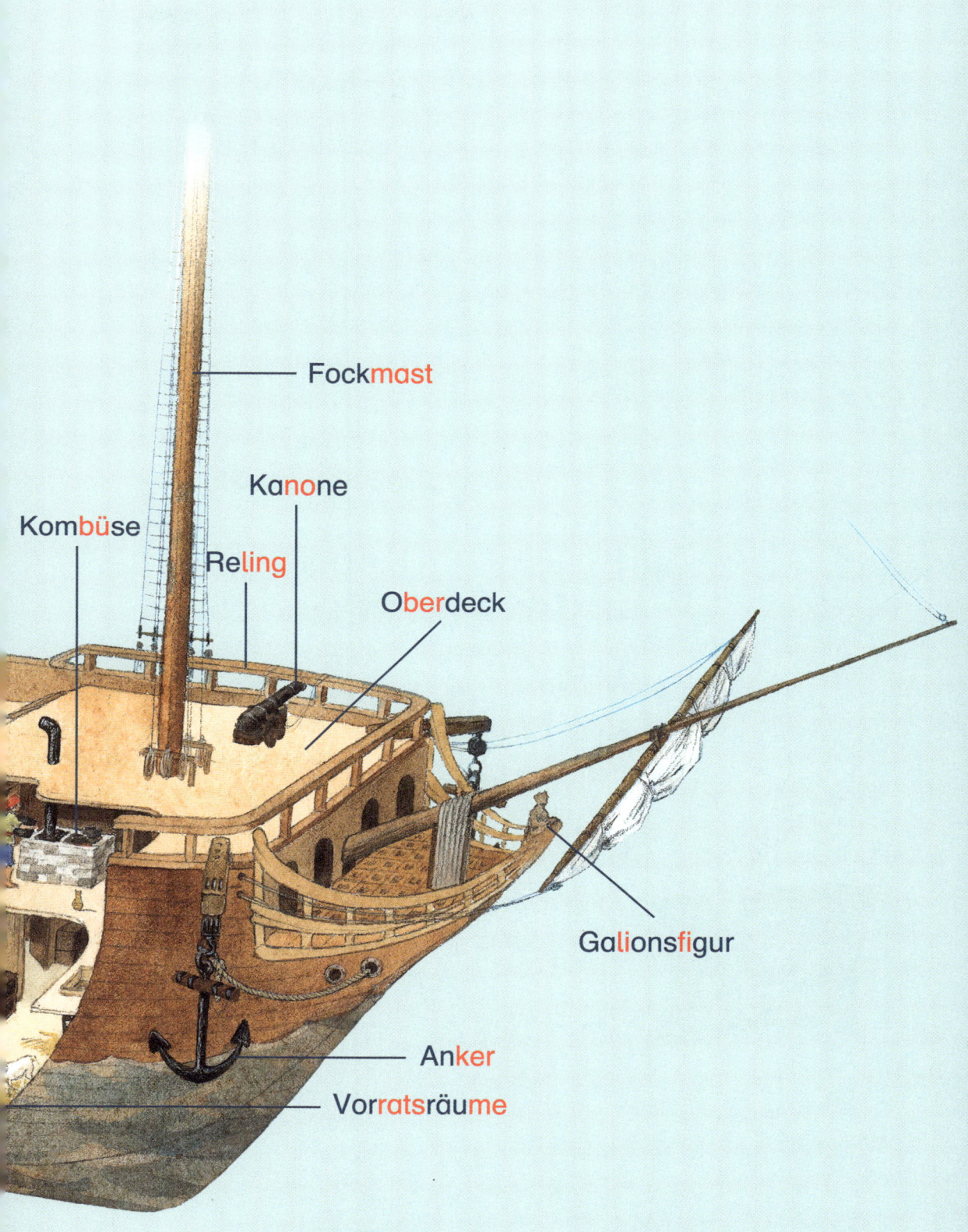

Fock**mast**

Ka**n**one

Re**ling**

Ober**deck**

Kom**b**üse

Galions**fi**gur

An**ker**

Vor**rat**sr**äume**

S. 16/17:

Die Wörter auf dem Schiff sind:

DECK, SEGEL, WANTEN, AUSGUCK.

Das Piratenschiff hat drei Masten.

Der Kapitän hat schlechte Laune,

weil es nichts mehr zu essen gibt und

weil die Mannschaft unzufrieden ist.

Tom hat sich auf das Schiff geschmuggelt,

weil er Seefahrer werden wollte.

Die liebste Beute von Piraten ist GOLD.

S. 24/25:

Tom versteckt sich unter Deck.

Der Kapitän ruft: Klar zum Entern!

Die Piraten kämpfen barfuß.

Piraten trinken gerne RUM.

O	N	B	S	Ä	B	E	L	Ö	S	C	V	N
Ä	N	T	V	E	D	B	N	U	R	S	V	L
Q	E	N	T	E	R	H	A	K	E	N	U	P
Ä	K	U	N	G	V	O	M	T	A	S	V	O
R	V	M	Q	P	I	S	T	O	L	E	Ü	H
B	M	I	T	F	S	R	U	V	Ü	K	V	Y
X	E	N	T	E	R	B	E	I	L	Z	C	P
C	H	W	S	F	T	R	Z	O	B	N	Y	B
P	J	A	S	L	M	V	D	O	L	C	H	R

Pfeffer-Piet, der schlaue Pirat

Eine Geschichte von Imke Rudel
mit Bildern von Astrid Vohwinkel

Piet wird Piratenkoch

Piet ist Schiffsjunge auf einem Segelschiff.

In Indien hat die *Nina* Gewürze geladen.

Fremde Gewürze wachsen weit weg,

in Ländern, wo es immer warm ist.

Nun ist das Schiff auf dem Weg zurück.

Die Fracht ist wertvoll und

die Heimreise ist gefährlich.

Eines Tages ruft der Matrose

im Ausguck: „Piraten!"

Die Piraten stürmen das Schiff.

Sie sind mit Messern und

Pistolen bewaffnet.

Der Kampf ist kurz.

Die Mannschaft der *Nina*

ergibt sich schnell.

Der Piratenkapitän schaut Piet an:

„Kannst du kochen?" Piet nickt.

„Dann kommst du mit uns!"

Nun ist Piet Piratenkoch.

„Wir haben Hunger",

sagt der Kapitän.

„Geh in die Kombüse und

koch uns was Gutes!"

Die Kombüse ist die Küche eines Schiffs.

Dort will Piet eine Suppe kochen.

Im Vorratsraum lagern die Gewürze.

Piet überlegt: „Pfeffer ist wertvoll

und scharf.

Es wird die Piraten ärgern,

wenn ich viel Pfeffer nehme."

Er zerstößt zwei Hände

voll Pfefferkörner.

Piet streut den Pfeffer in die Suppe.
Dann trägt er den schweren Topf
an Deck.
Der Kapitän nimmt sich
sofort den ersten Teller.

Hungrig löffelt er seine Suppe
und bekommt einen knallroten Kopf.
Er schreit:
„Willst du mich verbrennen?"
Mit großen Schlucken trinkt er
einen halben Eimer Wasser aus.
Den anderen Piraten aber schmeckt es.
„Lecker, deine Feuersuppe!",
ruft der rote Sam.

Le**se**rät**se**l

Wie heißt das alte Schiff von Piet?

- ☐ *Ina*
- ☐ *Tina*
- ☐ *Nina*
- ☐ *Lina*

Was ist der Ausguck?

- ☐ Das vordere Fenster im Piratenschiff
- ☐ Ein Beobachtungsplatz am oberen Schiffsmast
- ☐ Eine Luke im Schiffsboden
- ☐ Der Ort, an dem der Kapitän steht

Wie nennt man die Schiffsküche? Stelle
die Dosen in die richtige Reihenfolge!

Ü E M K B O S

— — — — — — —

Ordne den Sätzen das passende Wort zu!
Die unterstrichenen Buchstaben verraten dir,
wovon jeder Pirat träumt.

1	Piet kocht eine	PIRATENKOC<u>H</u>.
2	Die *Nina* ist ein	<u>S</u>UPPE.
3	Piet ist nun	<u>T</u>OPF.
4	Der rote Sam ist ein	S<u>C</u>HIFF.
5	Die Suppe ist im	GEWÜR<u>Z</u>.
6	Pfeffer ist ein	PIR<u>A</u>T.

Jeder Pirat träumt von
einem __ __ __ __ __ __ .

1 2 3 4 5 6

Das wilde Piratenleben

Von nun an kocht Piet
mit weniger Pfeffer.
Und er probiert auch
die anderen Gewürze aus:
Nelken, Muskat und Zimt.
Jeden Tag gibt es ein
richtiges Piratenessen
aus Bohnen und Fisch
oder Pökelfleisch.
Die Piraten sind begeistert!

Es gibt noch einen Grund
für die gute Laune der Piraten.
Beim Überfall auf die *Nina*
haben sie eine gute Prise gemacht.
So nennen die Piraten ihre Beute.
Im nächsten Hafen wollen sie
die Gewürze für viel Gold verkaufen.

Piet hat sich fast an das Leben
auf dem Piratenschiff gewöhnt.
Die Piraten müssen jeden Tag
das Deck schrubben.
Und kaputte Stellen
im Segel ausbessern.
Genau wie andere Seeleute auch.

Und nicht alle Piraten sind unfreundlich.
Der rote Sam zeigt Piet gerade
einen neuen Seemannsknoten.
Da taucht ein Segel am Horizont auf.
Sam schreit sofort: „Schiff in Sicht!
Alle Mann an die Pistolen!"

Piet will sich am liebsten
unter Deck verkriechen.
Aber Sam sagt: „Jeder muss kämpfen!
Piratengesetz!"
Piet holt seine Pistolen
und den Beutel mit Schießpulver.
Auf einmal hat er eine Idee.
In der Kombüse steht eine Schüssel
mit zerstoßenem Pfeffer.

„Der sieht genauso aus wie
Schießpulver", denkt Piet.
„Ich schütte einfach den Pfeffer dazu."
Und statt der Kugeln steckt er
Pfefferkörner in die Pistolen.

Leserätsel

Welche Gewürze lagern in den Säcken?

_ _ _ _ _ _ _ _   _ _ _ _ _

_ _ _ _ _ _ _   _ _ _ _ _ _

Wie nennen die Piraten ihre Beute?

☐ Liese   ☐ Friese

☐ Prise   ☐ Riese

50

Heute gibt es Buchstabensalat. Was liegt sonst auf den Tellern der Piraten?

‗ ‗ ‗ ‗ ‗ ‗ ‗   ‗ ‗ ‗ ‗ ‗

‗ ‗ ‗ ‗ ‗ ‗ ‗ ‗ ‗ ‗ ‗ ‗

Womit lädt Piet seine Pistolen?

- ☐ Kraut und Rüben
- ☐ Pfeffer und Pfefferkörner
- ☐ Zimt und Zucker
- ☐ Tee und Kakao

Leichte Beute

Als Piet wieder an Deck kommt, haben
die Piraten das andere Schiff erreicht.
Der rote Sam wirft seinen Enterhaken
hinüber in die Segel.

Er schwingt sich am Seil nach drüben
und ruft Piet zu: „Schieß endlich!"
Zitternd drückt Piet die Pistole ab.
Er kann kaum glauben,
was dann passiert:
Die Seeleute fangen an zu niesen.
Ihre Augen tränen
und sie denken gar nicht mehr
ans Kämpfen.

Piet und seine Mannschaft erbeuten
eine große Truhe mit Edelsteinen.
Die Seeleute niesen noch immer.
Der Kapitän und seine Mannschaft
wundern sich.
So leicht war ein Überfall noch nie!
„Womit hast du geschossen, Piet?",
fragt der rote Sam.

Piet erzählt von der Pfefferladung.

„Eine tolle Idee!",

sagt der Piratenkapitän.

„Das machen wir jetzt immer so."

Da rufen alle Piraten:

„Hoch lebe Pfeffer-Piet!"

Infoseite
Berühmte Piraten

Edward Teach wurde Blackbeard (schwarzer Bart) genannt. Seinen Bart trug er zu vielen Zöpfen geflochten. Bei einem Angriff steckte er sich brennende Zündschnüre unter den Hut.

Francis Drake war ein berühmter Kaperfahrer. Er hatte einen Kaperbrief der englischen Königin. Der Brief erlaubte ihm, andere Schiffe und Länder zu überfallen.

Bartholomew (Bart) Roberts war vermutlich der erfolgreichste Pirat. Er soll mehr als 400 Schiffe überfallen haben. Auf Bildern ist er immer sehr vornehm gekleidet. Er trank angeblich nie etwas Stärkeres als Tee.

Klaus Störtebeker war ein Anführer der Vitalienbrüder. Er überfiel am liebsten die Frachtschiffe der Hanse. (So nannte man die Vereinigung der norddeutschen Kaufleute.) Dafür wurde er in Hamburg geköpft.

S. 42/43:

Das alte Schiff von Piet heißt *Nina*.

Der Ausguck ist ein Beobachtungsplatz

am oberen Schiffsmast.

Die Schiffsküche heißt KOMBÜSE.

Jeder Pirat träumt von einem SCHATZ.

S. 50/51:

PFEFFER, NELKEN, MUSKAT, ZIMT

Piraten nennen ihre Beute Prise.

BOHNEN, FISCH, PÖKELFLEISCH

Pfeffer und Pfefferkörner

Lösungen

Die Wikinger auf großer Fahrt

Eine Geschichte von Manuela Mechtel
mit Bildern von Astrid Vohwinkel

Die Wikinger machen sich bereit

Heute feiern die Wikinger ein Fest.

Alle werden kommen!

Ole und Leif natürlich auch.

Morgen stechen vierzig Männer

mit dem Schiff *Thor* in See.

Sie gehen auf große Fahrt.

Oles und Leifs Vater Erik wird

auch dabei sein.

Sie werden nach Süden segeln
und reich beladen zurückkehren.
Sie tauschen Salz und Felle
gegen Wein und Silber.
Wenn sie Glück haben, bringen sie
auch Edelsteine und Gewürze aus
dem Orient mit.

Das Schiff ist neu und stark.
Lange Eisennägel halten die dicken
Planken zusammen.
Der Kiel ist aus einer uralten Eiche
gezimmert. So kann das Schiff selbst
im Sturm nicht kentern!
Das Segel ist doppelt gewebt
und mit einem Netz verstärkt.

Die Ladung wird mit Seilen festgezurrt.
„Habt ihr auch die Schwerter
nicht vergessen?", ruft Leif.
„Alles gut verstaut, mein Sohn!",
nickt Erik. „Auch unsere Äxte und Helme.
Das Trockenfleisch. Der Stockfisch.
Und Trinkwasser für Wochen!"

„Wann kommt ihr wieder?", fragt Ole.
„Im Herbst, bevor der Frost kommt",
erklärt Haldor, der Kapitän.
Er ist schon weit in der Welt
herumgekommen.
Ole erschrickt. Das ist ja ewig!
Der Frühling hat noch kaum begonnen!

„Wenn wir überhaupt wiederkommen",
brummt Haldor. „Auch das stärkste Schiff
kann voll Wasser laufen!"
Leif wird blass. Dabei ist er vom langen
nordischen Winter sowieso schon blass.
„Alles fertig! Jetzt wird gefeiert!",
dröhnt Haldor gut gelaunt.

Leserätsel

Kreuze an, was richtig ist!

Leif und Ole sind

- [ ] zusammen fünf Jahre alt.
- [ ] Piraten.
- [ ] Brüder.
- [ ] ein Liebespaar.

Wie heißt der Kapitän?

- [ ] Langstrumpf
- [ ] Haldor
- [ ] Blaubär
- [ ] Hook

Was nehmen die Wikinger mit auf die Reise? Die richtigen Lösungsbuchstaben verraten dir, wohin die Wikinger segeln.

A	Pistolen	**D**	Schwerter
T	Limonade	**E**	Trockenfleisch
S	Äxte und Helme	**O**	Spinat
Ü	Trinkwasser	**N**	Stockfisch

Lösungswort:

— — — — —

69

Das Fest der Wikinger

Bald ist das Fest in vollem Gange.

Alle haben ihre feinsten Kleider an.

Leif und Ole auch.

Sie tragen ihre neuen Umhänge

aus selbst gefärbter Wolle.

70

Ihre Mutter Freya hat sie im Winter gewebt.
Haldor hat vor drei Tagen einen Elch erlegt.
Mit dem Speer.
Das Fleisch reicht für das ganze Dorf.
Mit Zwiebelgemüse schmeckt es
besonders köstlich!

Lärm und Rauch füllen die große Dorfhalle.
„Na, ihr kleinen Krabben?", grölt Haldor.
„Nehmt mal einen Schluck hiervon!"
Sein Trinkhorn ist randvoll mit Wein.
„Dazu sind wir noch zu klein", sagt Ole artig.
„Ich aber nicht!", grinst Leif und trinkt.
Es schmeckt ekelig! Er spuckt den Wein
gleich wieder aus.

Haldor lacht dröhnend. Er leert gierig
das Trinkhorn und rülpst.
„In eurem Alter war ich schon auf See!"
„Das glaub ich nicht", ruft Leif.
„Das ist doch gefährlich", staunt Ole.
„Ach was! Das Meer macht starke Männer
aus euch! Als ich das erste Mal unterwegs
war, segelten wir um Afrika herum …"

„Wochenlang mussten wir uns festbinden,
damit die Wellen uns nicht von Bord
spülten. Das Trinkwasser ging uns aus.
Und weit und breit kein Land in Sicht!
Damals schon beschützte mich mein
Talisman: Es steht mein Name darauf.

Auf dem Rückweg bekam die ganze
Mannschaft übles Fieber. Nur ich nicht!
Ich setzte das Segel und steuerte
durch Sturm und Wellen in den Hafen.
Und war nicht älter als ihr! Prost!"
Leif kichert. Ole macht große Augen.

74

Leserätsel
Die Runenschrift

Die Wikinger benutzten eine besondere
Schrift aus vierundzwanzig, später nur noch
sechzehn Zeichen.
Die Schriftzeichen für die einzelnen
Buchstaben nennt man Runen.
Die Wikinger ritzten sie in Holz, Knochen
und Metall.
Später haben sie die Runen auch
in Stein gemeißelt.

Hier siehst du ein Runenalphabet:

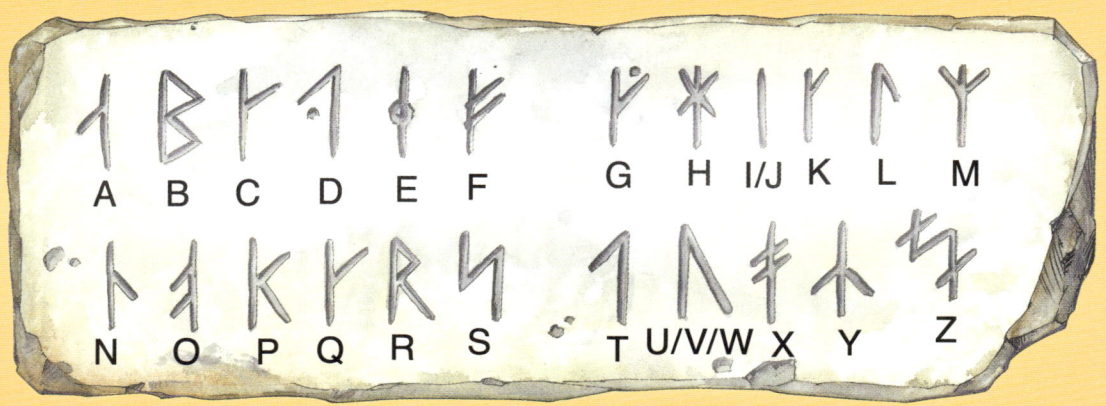

Kannst du deinen Namen in Runenschrift schreiben?

_____

Wem gehört dieser Glücksbringer?

_____

Die große Fahrt beginnt

Am nächsten Morgen schlafen
die Wikinger ihren Rausch aus.
Es ist schon lange hell,
als sie endlich zum Schiff gehen.
Alle sind gekommen, um die Männer
zu verabschieden.

78

Auch Eriks Familie. Nur Ole fehlt!

Oles Mutter Freya ist in Sorge.

„Es wird ihm doch nichts

passiert sein?", seufzt sie.

Erik drückt Freya fest an sich.

Dann klettert er auf seinen Platz.

„Autsch!", zischt es leise unter ihm,

als er sich setzt.

„Mein lieber Sohn!", lacht Erik
und hebt Ole hoch. „Da bist du ja!"
„Ich will mit!", sagt Ole.
Leif sieht mit offenem Mund zu.
„Dazu sind wir doch noch zu klein!",
ruft er.

„Richtig!", brüllt Haldor.

„Leinen los und setzt das Segel!

Der Wind steht günstig!"

Erik trägt Ole an Land.

Freya nimmt ihn glücklich in Empfang.

„Nächstes Jahr will ich aber mit!",

ruft Ole und winkt.

Infoseite
Das Drachenboot

Die Wikinger bauten verschiedene Boote für unterschiedliche Zwecke. Für Raubzüge benutzten sie schnelle Langboote. Den Mast konnten sie zügig auf- und abbauen. Hier lernst du ein typisches Drachenboot kennen.

Riemen

Lanze

bemalter
Drachenkopf

Eisenhelm

Bug

Schwert

Axt

Schild

Kiel

82

Schwertriemen mit
Schwertscheide

Mast

Segel

Steuerruder

Heck

Schild

Ruder

Planken

Längere Entdeckungs- und Handelsreisen machten sie mit breiten Schiffen, den Knorren. Sie waren widerstandsfähig gegenüber der rauen See und boten Platz für die Fracht.

Lösungen

S. 76/77:
Der Glücksbringer gehört Haldor.

Lösungswort: SÜDEN
Stockfisch mit auf die Reise.
Trinkwasser, Schwerter, Trockenfleisch und
Die Wikinger nehmen Äxte und Helme,
Der Kapitän heißt Haldor.
Leif und Ole sind Brüder.
S. 68/69:

84

Lesen lernen mit der Lesemaus

Liebe Eltern,

alle Kinder wollen Lesen lernen. Sie sind von Natur aus wissbegierig. Diese Neugierde Ihres Kindes können Sie nutzen und das Lesenlernen frühzeitig fördern. Denn Lesen ist die Basiskompetenz für alles weitere Lernen. Aber Lesenlernen ist nicht immer einfach. Es ist wie mit dem Fahrradfahren: Man lernt es nur durch Üben – also durch Lesen.

Lesespaß mit Lesepass

Je regelmäßiger Ihr Kind übt, desto schneller und besser wird es das Lesen beherrschen. Eine schöne Motivation kann dabei ein Lesepass sein, den Sie zusammen mit Ihrem Kind basteln können.
Vereinbaren Sie mit ihm eine kleine Belohnung, die es für eine bestimmte Anzahl an Trainingsminuten gibt. Eine Leseeinheit können zum Beispiel 10 Minuten sein. Für jede Leseeinheit gibt es einen Sammelpunkt – und nach einer zu vereinbarenden Anzahl von Punkten dann die kleine Belohnung.

Wie können Sie Ihr Kind beim Lesenlernen unterstützen?

Je positiver Kinder das Lesen erleben, desto motivierter sind sie, es selbst zu lernen. Versuchen Sie, Ihrem Kind ein Vorbild zu sein. Zeigen Sie Ihrem Kind, dass Lesen und Schreiben zum Alltag gehören. Etablieren Sie gemeinsame Leserituale. So erfährt Ihr Kind: Lesen macht Spaß!

Lesen Sie Ihrem Kind mindestens bis zum Ende der Grundschulzeit vor. Auch wenn Ihr Kind zunehmend eigenständig liest, bleibt das Vorlesen ein schönes und sinnvolles Ritual.

Lesen lernen mit der Lesemaus

Jedes Kind lernt unterschiedlich schnell lesen. Orientieren Sie sich bei der Auswahl von Erstlesebüchern daher an den Interessen und Lesefähigkeiten Ihres Kindes. Die Geschichten sollen Ihr Kind fordern, aber nicht überfordern. Die Lesemaus zum Lesenlernen bietet spannende und leicht verständliche Geschichten für Leseanfänger. Altersgerechte Illustrationen helfen, das Gelesene zu verstehen.

Mit lustigen Leserätseln können die Kinder ihre Lernerfolge spielerisch selbst überprüfen. Außerdem gibt es in jedem Band interessante Sachinfos für Jungen und Mädchen.

Ihnen und Ihrem Kind viel Spaß beim Lesen!

Lesen lernen in kleinen Schritten

Der Leselern-Prozess vollzieht sich über längere Zeit und in mehreren Schritten. Genauso differenziert wie dieser Prozess sind die Erstlesebücher mit der Lesemaus. Umfang, Wortschatz, Schriftgröße, Text-Bild-Verhältnis der Geschichten und das Niveau der Leserätsel sind optimal auf die verschiedenen Phasen des Lesenlernens abgestimmt:

Bild-Wörter-Geschichten – mit Bildern lesen lernen

- Erste Geschichten mit Bildern statt Wörtern für Leseanfänger
- Große Fibelschrift
- Wenig Text, viele farbige Bilder
- Auch ideal zum gemeinsamen Lesen: Das Kind ergänzt das Wort, wenn ein Bild kommt.

Geschichten im Dialog – zu zweit lesen lernen

- Kleine Geschichten zum Vor- und Selberlesen
- Lesen im Dialog – das Erfolgskonzept zum Lesenlernen
- Eltern lesen die linke, Kinder die rechte Seite
- Große Fibelschrift, hoher Bildanteil

Geschichten zum Selberlesen –
Lesekompetenz üben und festigen

- Einfache Geschichten für Erstleser, die schon längere Texte lesen können
- Klare Textgliederung in Sinnabschnitte
- Viele farbige Bilder zur Veranschaulichung
- Leserätsel zum Textverständnis

Extra Lesetraining –
vertiefende Methoden zum Lesenlernen

- Spannende Geschichten für Leseanfänger
- Bewährte didaktische Konzepte
- Einfache Sätze, klare Gliederung
- Leserätsel zur Erfolgskontrolle

Silbenmethode

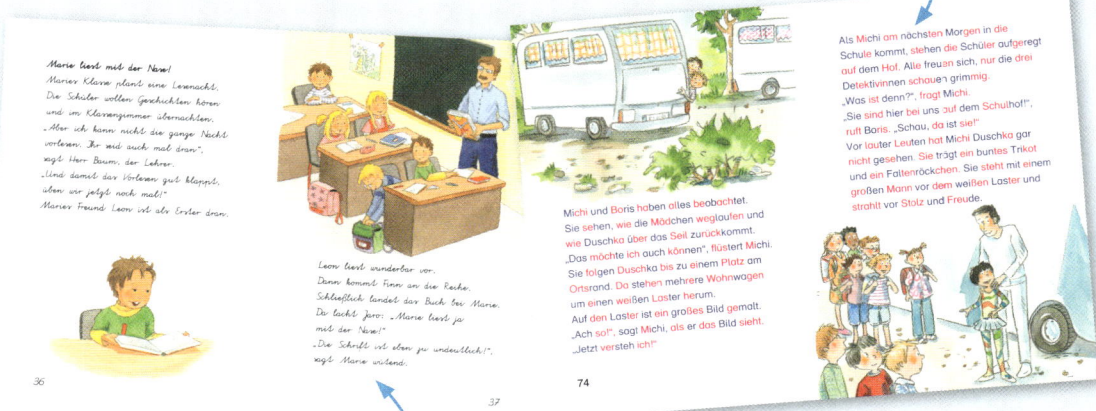

Vereinfachte Ausgangsschrift

Lesespaß –

Kurze Kapitel zum Lesenlernen mit tollen

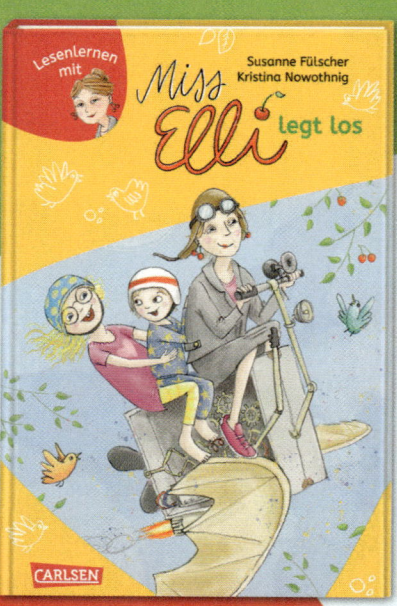

Jeweils nur
€ (D) 7,99
€ (A) 8,30

Miss Elli startet durch!

Die **L E S E M A U S** ist eine eingetragene Marke des Carlsen Verlags.

Sonderausgabe im Sammelband
© 2020 Carlsen Verlag GmbH, Völckersstraße 14-20, 22765 Hamburg
ISBN: 978-3-551-06646-6
Umschlagillustration und Vorsatz: Astrid Vohwinkel
Illustration der Lesemaus: Hildegard Müller
Umschlagkonzeption: Gunta Lauck
Gestaltung und Satz: Karin Kröll
Lektorat: Steffi Korda, Büro für Kinder- & Erwachsenenliteratur
Redaktion: Constanze Steindamm
Lithografie: ReproTechnik Fromme, Hamburg
Printed in Latvia

Tom auf Piratenfahrt
© Carlsen Verlag GmbH, Hamburg 2009
Pfeffer-Piet, der schlaue Pirat
© Carlsen Verlag GmbH, Hamburg 2012
Die Wikinger auf großer Fahrt
© Carlsen Verlag GmbH, Hamburg 2007

Alle Bücher im Internet: www.lesemaus.de
Newsletter mit tollen Lesetipps kostenlos per E-Mail: www.carlsen.de